BEI GRIN MACHT SICH IHR WISSEN BEZAHLT

- Wir veröffentlichen Ihre Hausarbeit, Bachelor- und Masterarbeit

- Ihr eigenes eBook und Buch - weltweit in allen wichtigen Shops

- Verdienen Sie an jedem Verkauf

Jetzt bei www.GRIN.com hochladen und kostenlos publizieren

Bibliografische Information der Deutschen Nationalbibliothek:

Die Deutsche Bibliothek verzeichnet diese Publikation in der Deutschen Nationalbibliografie; detaillierte bibliografische Daten sind im Internet über http://dnb.d-nb.de/ abrufbar.

Dieses Werk sowie alle darin enthaltenen einzelnen Beiträge und Abbildungen sind urheberrechtlich geschützt. Jede Verwertung, die nicht ausdrücklich vom Urheberrechtsschutz zugelassen ist, bedarf der vorherigen Zustimmung des Verlages. Das gilt insbesondere für Vervielfältigungen, Bearbeitungen, Übersetzungen, Mikroverfilmungen, Auswertungen durch Datenbanken und für die Einspeicherung und Verarbeitung in elektronische Systeme. Alle Rechte, auch die des auszugsweisen Nachdrucks, der fotomechanischen Wiedergabe (einschließlich Mikrokopie) sowie der Auswertung durch Datenbanken oder ähnliche Einrichtungen, vorbehalten.

Impressum:

Copyright © 2011 GRIN Verlag
Druck und Bindung: Books on Demand GmbH, Norderstedt Germany
ISBN: 9783668791534

Dieses Buch bei GRIN:

https://www.grin.com/document/439441

Katharina Appel

Überlegungen zum Verhältnis der Definition des Begriffes "Krankheit" durch medizinische Laien zum medizinischen "Krankheits"-Begriff

GRIN Verlag

GRIN - Your knowledge has value

Der GRIN Verlag publiziert seit 1998 wissenschaftliche Arbeiten von Studenten, Hochschullehrern und anderen Akademikern als eBook und gedrucktes Buch. Die Verlagswebsite www.grin.com ist die ideale Plattform zur Veröffentlichung von Hausarbeiten, Abschlussarbeiten, wissenschaftlichen Aufsätzen, Dissertationen und Fachbüchern.

Besuchen Sie uns im Internet:

http://www.grin.com/

http://www.facebook.com/grincom

http://www.twitter.com/grin_com

Fachhochschule Frankfurt – University of Applied Sciences
Fachbereich 4: Soziale Arbeit

Hausarbeit Modul 13.2

Überlegungen zum Verhältnis der Definition des Begriffes „Krankheit" durch medizinische Laien zum medizinischen „Krankheits"-Begriff

SS 2011
Abgabetermin: 29.07.2011

Name: Katharina Appel

Inhalt

1	Einleitung	1
2	Was wird unter Krankheit verstanden?	1
2.1	Krankheit im Wandel der Zeit	2
2.1.1	Gesundheit	3
2.2	Was bedeutet Krankheit im medizinischen Sinne?	3
2.3	Was bedeute Krankheit im rechtlichen Sinne?	4
3	Krankheiten und das Betreuungsrecht	5
3.1	Welche Krankheiten sind für das Betreuungsrecht relevant	5
3.2	Welche Auswirkungen kann eine medizinische Krankheitsdiagnose für die Betroffenen haben?	7
3.3	Ärztinnen im Zwiespalt: Berufsethik versus Gutachtenerstellung	8
4	Ausblick	9
	Literatur	10

1 Einleitung

In der vorliegenden Hausarbeit geht es um eine Gegenüberstellung der medizinischen Krankheitsdefinition und der Definition, die medizinische Laien, wie die Gesellschaft und Juristinnen, unter Krankheit verstehen.

Wegen der sehr großen Anzahl unterschiedlichster Krankheitsdefinitionen und -modelle habe ich mich, da der Rahmen dieser Hausarbeit nicht mehr als zwölf Seiten umfasst, auf einige wenige beschränken müssen.

Im Laufe der Jahrhunderte hat sich das, was von Menschen als Krankheit angesehen und als behandlungswürdig, bzw. -nötig, angesehen wird, verändert. Neue Krankheiten wie z. B AIDS sind hinzugekommen, andere werden heute (in den meisten Gesellschaften) nicht mehr als Krankheit angesehen, wie etwa Homosexualität. Diesen Umstand und die „Erfindung" neuer Krankheiten werden unter Punkt 2.1 behandelt.

Medizinische Laien ist ein weiter Begriff, deshalb beschränke ich mich bei der Definition von Krankheit auf die im gesellschaftlichen und rechtlichen Sinne.

Um Krankheit im medizinischen Sinne zu erläutern, bräuchte es eine umfassendere Arbeit, da es nicht nur einen allgemeingültigen medizinischen Krankheitsbegriff bzw. ein Krankheits-Modell gibt. Unter Punkt 2.2 stelle ich einige vor und beschreibe das geltende System zur Klassifikation von Krankheiten in Deutschland und Teilen der restlichen Welt.

Die rechtliche Seite von Krankheit wird unter Punkt 2.3 erläutert. Hierbei bezog ich mich auf die Aussagen im ASVG und einem Urteil des OG Hamm.

Inwieweit das Betreuungsrecht für sich relevante Krankheiten definiert und welche Auswirkungen diese Entscheidungen für die betroffenen Patientinnen haben, wird unter Punkt 3 erläutert. Hier stellte sich mir die Frage, inwieweit sich Ärztinnen als Gutachterinnen in einem Betreuungsfall in einem Konflikt zwischen ihrer Berufsethik und ihrem Auftrag, dem Erstellen eines Gutachten, befinden.

Ich verwende die Begriffe psychische Krankheit und psychische Störung synonym, da zwar der der psychischen Störung aktueller ist, in älterer Literatur oder den juristischen Fachbüchern aber fast ausschließlich von psychischen Krankheiten die Rede ist.

Zur besseren Lesbarkeit verzichte ich in der vorliegenden Arbeit auf das Binnen-I bzw. die Gender_Gap und verwende ausschließlich die weibliche Form.

2 Was wird unter Krankheit verstanden?

Unter Krankheit wird oft das Gegenteil von Gesundheit verstanden. Da jedoch die Grenzen zwischen Gesundheit und Krankheit fließend sind und Krankheit somit oft eine Frage der Sichtweise (und eventuell auch der Definitionsmacht) ist, fällt es schwer Krankheit, aber auch Gesundheit, genau zu definieren.

Es gibt viele unterschiedliche Begriffserklärungen, welche alle unterschiedliche Kriterien zur Feststellung und Klassifizierung von Krankheiten nennen. Aus diesem Grund ist es oftmals schwierig den körperlichen und geistigen Zustand eines Menschen eindeutig auf eine Krankheit hin festzulegen.

Oft gibt es eine Diskrepanz zwischen dem medizinischen Befund und dem subjektiven Erleben und Empfinden eines Menschen. Das kann bedeuten, dass sich Menschen sehr krank oder eingeschränkt fühlen, es aber trotz intensiver fachlicher Diagnostik keinen Befund gibt. Andersherum kann es aber genauso sein, dass ein Mensch bereits seit einiger Zeit z.B. an Krebs leidet, es aber weder weiß noch sich irgendwie davon beeinträchtigt fühlt und keinerlei Symptome aufweist (Franke 2010: 23). Eine medizinische Diagnose würde in diesem Falle aber eindeutig eine Krankheit feststellen.

2.1 Krankheit im Wandel von Zeit und Gesellschaft

Krankheitsbilder erfahren über die Zeit einen Wandel, der auch von den Veränderungen der Gesellschaft und Politik beeinflusst wird. Ein gutes Beispiel ist hier die Erforschung dreier Formen des psychischen Traumas: Der Hysterie, der Kriegsneurose und des Traumas ausgelöst durch sexuelle Gewalt. Nur durch eine Gesellschaft, die Kriege ablehnte und das oftmals sinnlose Sterben junger Männer in diesen verurteilte, konnte eine Erforschung des Kriegstraumata stattfinden. Dies geschah vermehrt nach dem ersten Weltkrieg in Frankreich und den USA. Die Erforschung der sexuellen Traumatisierung bzw. der Traumatisierung im häuslichen Bereich, war nur durch die Auffasung möglich, dass Frauen und Kinder Männern nicht mehr untergeordnet sein sollen (vgl. Herman 2006:20). Der Begriff der Hysterie wurde, obwohl Freud 1896 in „Zur Ätiologie der Hysterie" traumatische sexuelle Erfahrungen in der Kindheit als Ursache für die Hysterie ausmachte[1], bis in die 1950er Jahre als Sammelbegriff für eine große Anzahl nicht näher beschriebener und ausschließlich weiblicher Beschwerden verwendet. 1952 wurde er von der „American Psychiatric Society" aus der Liste der Krankheiten gestrichen.

Eines der extremsten Beispiele ist die Homosexualität, die bis zum Jahre 1992 noch als krankhafte Störung in der ICD-9 vorhanden. Seit der Veröffentlichung des ICD-10 taucht Homosexualität immerhin noch unter den Persönlichkeits- und Verhaltensstörungen auf[2] (vgl. WHO 2010: 269).

---

[1] Freud widerrief seine Entdeckung des Zusammenhangs des sexuellen Missbrauchs und der „Hysterie" 1905, da er von Seiten seiner Kollegen viel Missfallen erntete und ausgegrenzt wurde (vgl. Sponsel 2011).

[2] F66.1 Ichdystone Sexualorientierung: Die Geschlechtsidentität oder sexuelle Ausrichtung (heterosexuell, homosexuell, bisexuell oder präpubertär) ist eindeutig, aber die betroffene Person hat den Wunsch, dass diese wegen begleitende psychischer oder Verhaltensstörungen anders wäre und unterzieht sich möglicherweise einer Behandlung, um diese zu ändern (WHO 2010: 268).

In den letzten Jahren sind immer mehr körperliche Erscheinungen und Verhaltensweisen zu Krankheiten „ernannt" worden, die früher auf kein großes Interesse stießen. Dieses Ausweiten von Krankheitsbildern und das Gleichsetzen gewöhnlicher Lebensabläufe oder individueller „Mängel" (z.B. Cellulitis oder Haarausfall) zu kommerziellen Zwecken wird als Disease Mongering, zu deutsch: Krankheitserfindung, bezeichnet (vgl. Franke: 2010: 27).

2.1.1 Gesundheit

Da die Begriffe Krankheit und Gesundheit dichotom benutzt werden, lohnt der Blick auch auf die sich veränderten Definitionen dieser durch z.B. die WHO. 1946 definierte diese Gesundheit folgendermaßen:

„Gesundheit ist ein Zustand vollständigen körperlichen, geistigen und sozialen Wohlbefindens und nicht nur die Abwesenheit von Krankheit und Gebrechen"

und dann 1987:

„Gesundheit ist die Fähigkeit und Motivation, ein wirtschaftlich und sozial aktives Leben zu führen." (WHO 2005).

Von Badura stammt folgende Definition: Gesundheit ist Voraussetzung und Ergebnis einer kontinuierlichen Auseinandersetzung des Menschen mit Bedingungen und Herausforderungen in Familie, Schule, Arbeitswelt und Freizeit. ... Am überzeugendsten erscheint eine Vorstellung von Gesundheit als Kompetenz oder Befähigung zu einer aktiven Lebensbewältigung, eine Fähigkeit zur Problemlösung und Gefühlsregulierung, durch die ein positives seelisches und körperliches Befinden und ein unterstützendes Netzwerk sozialer Beziehungen erhalten oder wiederhergestellt wird (Badura 2002: 19).

Die Definitionen der WHO berücksichtigen, im Gegensatz zu der von Badura, weder die Ressourcen der Einzelnen, noch bezieht sie z.B. Behinderte mit ein, die nach dieser Definition niemals gesund sein können.

Gesundheit ist ein dynamischer Prozess: Ein Mensch ist nie ganz gesund, aber auch nie ganz krank. Es gibt immer gesunde Anteile, die gefördert werden können. Durch eine Verminderung von Risikofaktoren, z.B. die Reduktion von Stress, und die Förderung von Schutzfaktoren, z.B. bessere Ernährung oder das Erlernen von Bewältigungsstrategien, kann der Mensch zur eigenen Gesundung beitragen.

2.2 Was bedeutet Krankheit im medizinischen Sinne?

Es gibt unterschiedliche Klassifikationssysteme (z.B. das ICD-10 der WHO) um Krankheit medizinisch zu diagnostizieren, aber auch diese bieten keine eindeutige Definition von Krankheit (vgl. Franke 2010: 22).

Aus der Sicht der Krankenversicherungen muss der Nachweis der Funktionsbeeinträchtigung durch eine Krankheit immer gegeben sein. Ansonsten gilt die Patientin nicht als krank und erhält keine Leistungen aus ihrer Krankenversicherung.

Nur wenn bei einer Patientin eine wesentliche Funktionsbeeinträchtigung besteht, liegt im sozialmedizinischen Sinne eine Krankheit vor. Diese ist dann durch ein ärztliches Gutachten nachzuweisen. Kann trotz erheblicher Beschwerden seitens der Patientin kein körperlicher Befund erhoben werden, muss geprüft werden, ob eine psychopathologische Symptomatik festgestellt werden kann. Ist dies nicht der Fall und es gibt keinen krankhaften Befund, so existiert auch keine Krankheit (vgl. Stevens 2004: 31 ff). So gesehen ist nur krank, wer eine bereits bekannte und diagnostizierbare Krankheit hat.

Die Schwierigkeit eine Diagnose zuverlässig zu stellen besteht darin, dass Patientinnen ganz unterschiedliche Wahrnehmungen im Bezug auf die Stärke der Beschwerden, die Symptome und Beeinträchtigungen durch die Krankheit haben. Dadurch kann es dazu kommen, dass aufgrund der Beschwerden einer Patientin körperliche Krankheiten vermutet werden, es sich aber in Wirklichkeit um ein soziales „Ursachenbündel" ohne körperlichen Befund handelt (vgl. Vollmoeller 2004: 2).

Wegen der Vieldeutigkeit des Begriffes Krankheit, wird er heutzutage in den diagnostischen Leitlinien (z.B. ICD) weitgehendst vermieden (vgl. Vollmoeller 2004: 111).

2.3 Was bedeute Krankheit im rechtlichen Sinne?

Laut dem Allgemeines Sozialversicherungsgesetz ist Krankheit ein regelwidriger Körper-, oder Geisteszustand, der entweder allein behandlungsbedürftig ist oder zugleich oder ausschließlich arbeitsunfähig macht[3]. Mit Regelwidrig kann hier allerdings nicht die alleinige Abweichung von der statistischen Norm gemeint sein, denn dann wäre ein Intelligenzquotient von über 130 eine Krankheit, Plattfüße oder Karies indes nicht, denn an beidem leiden eine Vielzahl von Menschen (vgl. Stevens 2004: 28). Es ist außerdem nicht festgelegt, wie weit die Abweichung von der Norm sein muss, um als Krankheit (im juristischen Sinne) zu gelten. Eine nur geringe Abweichung von der Norm kann einen Eingriff in die Grundrechte nicht rechtfertigen (vgl. § 1896 (1) BGB; dazu Damrau/Zimmermann 2011: 281).

Zum erforderlichen Grad der Normabweichung meint das OLG Hamm, dass die Erkrankung ein solches Ausmaß erreicht haben muss, dass die Fähigkeit der Betroffenen zur Wahrnehmung des Selbstbestimmungsrechtes erheblich beeinträchtigt oder

---

[3] § 120. (1) Der Versicherungsfall gilt als eingetreten: 1. im Versicherungsfall der Krankheit mit dem Beginn der Krankheit, das ist des regelwidrigen Körper- oder Geisteszustandes, der die Krankenbehandlung notwendig macht) (vgl. § 120 (1) ASVG)

ausgeschlossen sein muss und sie für das „Betätigungsfeld" der Betreuung zu eigenverantwortlichen Entscheidungen nicht mehr in der Lage sind (vgl. OLG Hamm: Entscheidung vom 30.08.1994 - 15 W 237/94 BGB; dazu Damrau / Zimmermann 2011: 281).

3 Das Betreuungsrecht

„Kann ein Volljähriger auf Grund einer psychischen Krankheit oder einer körperlichen, geistigen oder seelischen Behinderung seine Angelegenheiten ganz oder teilweise nicht besorgen, so bestellt das Betreuungsgericht auf seinen Antrag oder von Amts wegen für ihn einen Betreuer (...)" (§ 1896 (1) BGB).

Das am 1. Januar 1992 in Kraft getretene Betreuungsrecht löste das bis dahin geltende Entmündigungs-, Vormundschafts- und Pflegschaftsrecht ab, welches besagte, dass entmündigt werden kann, wer geisteskrank, geistesschwach, trunk- oder rauschgiftsüchtig oder ein Verschwender war[4]. Die Entmündigung aus den oben genannten Gründen hatte den Verlust der Geschäftsfähigkeit zur Folge, was die Betroffenen rechtlich auf die Stufe eines siebenjährigen Kindes stellte. Dadurch, dass dem Willen der Betroffenen keine rechtliche Bedeutung zugemessen wurde, konnte der Vormund frei entscheiden, ob er dem Willen der Entmündigten folgte oder nicht (vgl. Brosey 2009: 1).

Mit dem Betreuungsgesetz wurde der Personenkreis der Betroffenen eingeschränkt, der „Verschwender" taucht nicht mehr auf und auch das Vorliegen psychischer Störungen hat nicht automatisch die Bestellung einer Betreuerin zur Folge (vgl. Holzhauser 1995: 1 ff).

Heute muss neben der Psychischen Störung oder der Behinderung auch die Unfähigkeit zur Erledigung der eigenen Angelegenheiten vorliegen. Ein Kriterium alleine ist nicht ausreichend.

Das Bestehen einer Betreuung hat keine rechtlichen Auswirkungen auf die Geschäfts-, Testier- oder Prozessfähigkeit etc. der Betreuten, selbst wenn ein Einwilligungsvorbehalt (§ 1903 BGB) besteht; de facto ist eine Betreute zwar häufig geschäfts-, testier- bzw. prozessunfähig, dies bedarf jedoch stets eines gesonderten Nachweises im Hinblick auf das konkrete Rechtsgeschäft (vgl. Cording 2004: 39).

3.1 Welche Krankheiten sind für das Betreuungsrecht relevant

In § 1896 (1) BGB sind die Voraussetzungen für die Bestellung einer Betreuerin wie folgt definiert: „Kann ein Volljähriger auf Grund einer psychischen Krankheit oder

---

[4] § 6 BGB.

einer körperlichen, geistigen oder seelischen Behinderung seine Angelegenheiten ganz oder teilweise nicht besorgen, so bestellt das Betreuungsgericht auf seinen Antrag oder von Amts wegen für ihn einen Betreuer (...)" (§ 1896 (1) BGB).

Der Begriff „psychische Krankheit" meint eine deutliche Abweichung im Verhalten oder Erleben, sowie Denken und Fühlen der Betroffenen von der Norm. Heute wird der Begriff „psychische Krankheit" allerdings kaum noch verwendet. In der modernen psychiatrischen Klassifikation spricht man von psychischen oder seelischen Störungen[5] (Vollmoeller 2004: 114).

Neben den bereits erwähnten, gibt die DSM-IV weitere Kriterien für das Vorhandensein psychischer Störungen vor: Die Abweichung muss mit einem Leiden (z.B. schmerzhafte Symptome), einer Beeinträchtigung oder einem stark erhöhten Risiko einhergehen „Schmerz, Beeinträchtigung oder einen tiefgreifenden Verlust an Freiheit zu erleiden" (Saß/Wittchen/Zaudig/2003: 979). Unter psychische Störungen fallen z.B. Phobien, Ängste, Depressionen, dissoziative Störungen und Psychosen (Katschnig/Strotzka 1977: 272ff).

Unter psychischen Krankheiten, die zur Bestellung einer Betreuerin führen können, versteht der Gesetzgeber:

- körperlich nicht begründbare (endogene) Psychosen
- seelische Störungen als Folge von Krankheiten oder Verletzungen des Gehirns, von Anfallsleiden oder andere Krankheiten oder körperliche Beeinträchtigungen (körperlich begründbare-exogene-Psychosen)
- Abhängigkeitserkrankungen (Alkohol- und Drogenabhängigkeiten)
- Neurosen und Persönlichkeitsstörungen (Psychopathien) (Kirsch 2010: 10)

Neben der psychischen Krankheit gibt es einen weiteren Faktor der zur Bestellung einer Betreuerin führen kann: Die Behinderung.

Vom Gesetzgeber wird Behinderung folgendermaßen definiert: „Menschen sind behindert, wenn ihre körperliche Funktion, geistige Fähigkeit oder seelische Gesundheit mit hoher Wahrscheinlichkeit länger als sechs Monate von dem für das Lebensalter typischen Zustand abweichen und daher ihre Teilhabe am Leben in der Gesellschaft beeinträchtigt ist" (§ 2 (1) des SGB IX).

Das ICD-10 klassifiziert eine geistige Behinderung[6] als Intelligenzminderung. Sie gilt als Steigerung und Erweiterung der Lernbehinderung. Mit Hilfe von Intelligenztests

---

[5] engl. disorder.

[6] Medizinisch: mentale Retardierung

kann eine Diagnose erstellt werden. Ein IQ unter 70 bedeutet dann die Diagnose der geistigen Behinderung:
- IQ 50-69: leichte geistige Behinderung
- IQ 35-49: mittelgradige geistige Behinderung
- IQ 20-34: schwere geistige Behinderung
- IQ unter 20: schwerste geistige Behinderung (WHO 2010: 274 ff).

3.2 Welche Auswirkungen kann eine medizinische Krankheitsdiagnose für die Betroffenen haben?

Um Anspruch auf Leistungen aus der (gesetzlichen) Krankenversicherung zu haben, muss eine Krankheit vorliegen und von einer Ärztin diagnostiziert werden (vgl. Sunder 2010: 544).

Diese Situation führt unter Umständen dazu, dass Psychotherapeutinnen Diagnosen stellen, um die Behandlung mit den Krankenkassen abrechnen zu können. Während früher auch ungesicherte Diagnosen vergütet wurden, müssen seit 2003 gesicherte Diagnosen nach ICD-10 gestellt werden, ansonsten ist eine Abrechnung mit der Kassenärztlichen Vereinigung nicht möglich (Kassenärztliche Bundesvereinigung 2011).

Andersherum kann es heute aber auch passieren, dass bei Patientinnen Krankheiten diagnostiziert werden, die gar nicht oder nicht im dem Ausmaß vorliegen, um diesen eine als notwendig erachtete Behandlung zukommen zu lassen. Mit anderen Worten die Diagnose wird so gestellt, dass sie zur (gewünschten) Behandlung passt.

Zu einem späteren Zeitpunkt kann der Patientin genau diese Diagnose zum Nachteil werden. Zum Beispiel im Falle einer Betreuungsanordnung.

Um die Verhältnismäßigkeit zu wahren, immerhin geht es hier um einen Eingriff in die Grundrechte der Betroffenen, ist nach einer Diagnose von juristischer Seite zu prüfen, inwieweit die Betroffenen aufgrund der diagnostizierten Krankheit nicht mehr in der Lage sind, ihre Angelegenheiten selbstständig zu erledigen.

Weiterhin stellt der Gesetzgeber sicher, dass weder die Unfähigkeit der Besorgung der eigenen Angelegenheiten, noch das Vorliegen einer psychischen Störung alleine zur Bestellung einer Betreuerin ausreichend sind.

Die Schlussfolgerung, dass eine psychisch Kranke automatisch nicht in der Lage ist ihre Angelegenheit zu besorgen, ist also unzulässig (vgl. Kirsch 2010: 12 ff).

Wenn man sich die im IDC-10 aufgelisteten psychischen Störung ansieht, kommt man nicht umhin, bei manchen Störungen Symptome zu entdecken, die fast jeder Person zugeschrieben werden können.

Ein gutes Beispiel für eine solche Störung ist die Hypomanie. Diese wird in den ICD-10-Richtlinien wie folgt beschrieben: Hypomanie zeichnet sich aus durch eine anhaltende, leicht gehobene Stimmung, gesteigerten Antrieb und vermehrte Aktivitäten und ein auffallendes Wohlgefühl, sowie gesteigerter körperlicher und geistiger Leistungsfähigkeit. Es besteht ein erhöhtes Verlangen nach Geselligkeit, ein vermindertes Schlafbedürfnis, eine gesteigerte Libido. All das hat aber nicht ein solches Ausmaß, das es zum Abbruch der Berufstätigkeit oder sozialer Ablehnung führet. In manchen Fällen kann auch Reizbarkeit, Selbstüberschätzung oder flegelhaftes Verhalten auftreten (vgl. WHO 2010: 122).

Die meisten dieser Symptome sind geradezu charakteristisch für eine bestimmte Lebensphase, welche jeder Mensch einmal durchlebt: Die Pubertät. Stellt man sich jetzt vor, dass die Jugendliche neben den oben genannten Symptomen zusätzlich noch äußerst unordentlich und träge ist, ihre Angelegenheiten also nicht selbst besorgen kann, könnte man zu dem Schluss kommen, sie bräuchte eine Betreuerin (vgl. Dörner/Plog/Teller/Wendt 2002: 177 ff).

3.3 Ärztinnen im Zwiespalt: Berufsethik versus Gutachtenerstellung

Wird eine Ärztin als Gutachterin hinzugezogen, kann es unter Umständen zu einem Konflikt zwischen den 1983 von Beauchamp und Childress aufgestellten ethischen Prinzipien und ihrer Tätigkeit für das Betreuungsgericht kommen.

Diese ethischen Prinzipien sind im Einzelnen:

- Non-Malifizienz (Unschädlichkeit)
- Autonomie (Selbstbestimmung)
- Benefizienz (Fürsorge)
- Gerechtigkeit

Zusätzlich zu den oben aufgeführten, gelten auch Solidarität und Gemeinwohl als verbindliche ethische Prinzipien.

Nur in den wenigsten Fällen können alle ethischen Prinzipien ärztlichen Handelns gleichzeitig verwirklicht werden. Lediglich

1. Die Autonomie des Menschen, der sich der Ärztin anvertraut und
2. das Wohl dieses Menschen, das es zu fördern gilt und von dem Schaden abzuwenden

gilt, stehen nicht zur Disposition (vgl. Nedopil 2005: 9).

Die Gutachterin handelt im Auftrag der sozialen Gemeinschaft, unabhängig davon, wer die Auftraggeberin ist. Sie sollte der Patientin gegenüber klarstellen, dass sie zur Unabhängigkeit bzw. Neutralität verpflichtet ist und nicht einseitig die Interessen der Patientin vertritt, wie es etwa die Hausärztin tut. Aus diesem Grund ist es sinnvoll die Begutachtung Bekannter oder Angehöriger zu vermeiden.

Die Gutachterin unterliegt zwar der ärztlichen Schweigepflicht, allerdings nur in Bezug auf für das Gutachten nicht relevante Sachverhalte. Sie hat keinen therapeutischen Auftrag und in der Regel ist die Motivation für die Begutachtung eine finanzielle, da das Gutachten natürlich vergütet wird. All diese Punkte sollten vorab mit der Patientin geklärt werden, da unter diesen Umständen ein anderes als das übliche Ärztin-Patientin-Verhältnis besteht (vgl. Stevens 2004: 108).

4 Ausblick

Während umgangssprachlich „krank sein" das Gegenteil von „gesund sein" ist, gibt es diese klare Abgrenzung in der Medizin (und auch im Recht) nicht. Medizinisch kann nur diejenige krank sein, bei der es zu einem pathologischen Befund kommt. Das bedeutet für betroffene Menschen zu Weilen ein hohes Maß an Schwierigkeiten, wenn sie unter Symptomen leiden, die von der Schulmedizin keiner Krankheit zugeordnet werden können und sie aus diesem Grunde nicht behandelt werden.

Krankheit ist kein statischer Begriff, sondern unterliegt vielen Wandlungen und Änderungen, die nicht nur durch eine Zunahme des Wissens der Menschheit zustande kommen, sondern auch durch eine veränderte Wahrnehmung, Säkularisierung und zunehmende Toleranz gegenüber manchen Gegebenheiten wie z.B. der Homosexualität. Neben den Veränderungen bei der Klassifizierung von Krankheiten, tritt in den letzten Jahren verstärkt das Phänomen der Krankheitserfindung aus kommerziellen Gründen auf. Unter dem Vorwand etwas für die Gesundheit der Menschen zu tun, werden Körperzustände von der Pharmaindustrie, wie der erwähnte Haarausfall, zu Krankheiten ernannt und Gegenmittel entwickelt, in sogenannten Aufklärungskampagnen beworben und für viel Geld verkauft. Man könnte meinen, das Ziel dieser Firmen sei die Umwandlung aller Gesunden in Kranke um mit dem Verkauf der „Antidote" ihre Gewinne zu maximieren. Neben diesem unethischen Geschäft mit der Krankheit bzw. der Gesundheit von Menschen, gibt es noch weitere Aspekte, die die Beteiligten in Konflikte stürzen können: Die Gutachterinnen für das Betreuungsverfahren.

Ärztinnen, die Gutachten für Betreuungsgerichte erstellen, müssen fast zwangsläufig irgendwann in Gewissenskonflikte geraten, denn es müssen unter Umständen Gutachten geschrieben werden, auf deren Grundlage Entscheidungen getroffen werden, die nicht unbedingt im Sinne des ihr anvertrauten Menschen sind und von diesem als „Verrat" gewertet werden können.

Was ich außerdem für problematisch erachte ist, dass die Behandlung einer Patientin und deren Begutachtung durch ein und dieselbe Ärztin zulässig ist. Durch das fehlende Schweigerecht der Gutachterin, ist es ihr fast unmöglich gleichzeitig im Sinne der Patientin und im Sinne ihrer Auftraggeberinnen tätig zu sein.

Auch Psychotherapeutinnen können in Schwierigkeiten geraten, wenn sie auf der einen Seite eine Patientin behandeln und diese Behandlung von der Krankenkasse vergütet bekommen möchten, auf der anderen Seite die Patientin aber vor der Stigmatisierung und den Folgen die eine Diagnose unter Umständen mit sich bringen kann, schützen wollen. Psychotherapeutinnen diagnostizieren dann statt z.b. einer Depression eine Anpassungsstörung und verhindern so, dass die Patientin später unter den Folgen der Diagnose leiden muss, z.b. beim Abschluss einer Berufsunfähigkeitsversicherung oder eben im Betreuungsverfahren.

Wenn man sich die Beschreibung psychischer Krankheitsbilder ansieht, findet man sich in den beschriebenen Symptomen oft selber wieder, ohne, dass man an einer erkennbaren psychischen Störung leidet. Wo hört also normal auf und wo fängt verrückt an? Geht es denn wirklich nur um eine Abweichung von der Norm und was ist dann die Norm? Wenn man sich anschaut, wie ungenau und sich verändernd der Begriff Krankheit ist, kommt man zu dem Schluss, dass diese ebenso einem stetigem Wandel unterzogen und nicht eindeutig definierbar ist.

Literatur

Badura, Bernhard/Vetter, Christian/Schellschmidt, Henner (2002): Fehlzeiten-Report 2002: Zahlen, Daten, Analysen aus allen Branchen der Wirtschaft. Demographischer Wandel: Herausforderung für die betriebliche Personal- und Gesundheitspolitik. Berlin: Springer Verlag.

Brosey, Dagmar (2009): Wunsch und Wille des Betreuten bei Einwilligungsvorbehalt und Aufenthaltsbestimmungsrecht. Universität Göttingen. Dissertation.

Cording, Clemens (2004): Die Begutachtung der „freien Willensbestimmung" im deutschen Zivilrecht: Geschäftsfähigkeit, Testierfähigkeit, Prozessfähigkeit, Suizid bei Lebensversicherung. In: In: Vollmoeller, Wolfgang (Hrsg.): Grenzwertige psychische Störungen. Diagnostik und Therapie in Schwellenbereichen. Stuttgard: Thieme, 38–50.

Damrau/Zimmermann (2011): Betreuungsrecht. Kommentar zum materiellen und formellen Recht. Stuttgart: Kohlhammer.

Dörner, Klaus/Plog, Ursula/Teller, Christine/Wendt, Frank (2002): Irren ist menschlich. Lehrbuch der Psychiatrie und Psychotherapie. Bonn: Psychiatrie-Verlag.

Franke, Alexa (2010): Modelle von Gesundheit und Krankheit. 2., überarb. Und erw. Aufl. Bern: Verlag Hans Huber.

Holzhauser. Heinz (1995): Abschied von der Entmündigung. In: Wienand, Manfred (Hrsg.): Das Betreuungsrecht. Rückblick – Ausblick. Neiwied u.a.: Luchterhand, 1–11.

KASSENÄRZTLICHE Bundesvereinigung (2011): Ambulante Kodierrichtlinien – Definition der Behandlungsdiagnose. Fortbildung Kodierrichtlinien. Online im Internet: http://www.aerzteblatt.de/v4/archiv/sslcme.asp?id=80606 [Stand: 24.07.2011].

KATSCHNIG, H./Strotzka H. (1977): Epidemiologie der Neurosen und psychosomatischen Störungen. In: Blohmke M./Ferber C./Kisker K./Schaefer H. (Hrsg.): Handbuch der Sozialmedizin in drei Bänden. Band II. Epidemiologie und präventive Medizin. Stuttgart: Ferdinand Enke Verlag, 272–309.

KIRSCH, Petra D. (2010): Rechtsgrundlagen der stationären und ambulanten psychiatrischen Zwangsbehandlung im Betreuungsrecht. Eberhard-Karls-Universität Tübingen: Dissertation.

NEDOPIL, Norbert (2005): Ethische Fragen bei der Begutachtung.Das ethische Spannungsfeld. In: Müller, Jürgen/Hajak, Göran: Willensbestimmung zwischen Recht und Psychiatrie. Krankheit, Behinderung, Berentung, Betreuung. Berlin: Springer, 1–14.

SASS, Henning/Wittchen, Hans-Ulrich/Zaudig , Michael (2003): Diagnostisches und Statistisches Manual Psychischer Störungen. (DSM-IV-TR): Textrevision. Göttingen: Hogrefe-Verlag.

SPONSEL, Rudolf (2006): Der Widerruf der Mißbrauchstheorie („Verführungstheorie") durch Sigmund Freud. Internet Publikation für Allgemeine und Integrative Psychotherapie Online im Internet: http://www.sgipt.org/th_schul/pa/misbr/wideru. htm#Änderungen [Stand 22.07.2011].

SUNDER, Ellen (2010): Krankheit. In: Deutscher Verein für öffentliche und private Fürsorge (Hrsg:) : Fachlexikon der Sozialen Arbeit. Baden-Baden: Nomos, 544

STEVENS, Andreas (2004): Genügt die Beschwerdeschilderung als Krankheitsnachweis? Kommentierung eines Fehlurteil. In: Vollmoeller, Wolfgang (Hrsg.): Grenzwertige psychische Störungen. Diagnostik und Therapie in Schwellenbereichen. Stuttgart: Thieme, 27–32.

STEVENS, Andreas (2004): Begutachtung für Träger der gesetzlichen Unfallversicherung, privaten Unfallversicherung und Haftpflichtversicherung. In: Vollmoeller, Wolfgang (Hrsg.): Grenzwertige psychische Störungen. Diagnostik und Therapie in Schwellenbereichen. Stuttgart: Thieme, 108–114.

VOLLMOELLER, Wolfgang (2004): Was versteht man unter...? Ausgewählte Termini mit Erläuterungen. In: Vollmoeller, Wolfgang (Hrsg.): Grenzwertige psychische Störungen. Diagnostik und Therapie in Schwellenbereichen. Stuttgart: Thieme, 109–114.

WHO (2010):Taschenführer zur ICD-10-Klassifikation psychischer Störungen. Mit Glossar und Diagnostischen Kriterien ICD-10: DCR-10 und Refernztabellen ICD-10 v.s. DSM-IV-TR. (5. überarb. Aufl.g.) Bern: Verlag Hans Huber.

WHO (2005): Entwurf des Elften Allgemeinen Arbeitsprogramms der WHO 2006–2015: Kurzfassung. Online im Internet: http://www.euro.who.int/__data/assets/pdf_file/0007/88018/RC55_grc_2005_2.pdf [Stand: 24.07.2011].

BEI GRIN MACHT SICH IHR WISSEN BEZAHLT

- Wir veröffentlichen Ihre Hausarbeit, Bachelor- und Masterarbeit

- Ihr eigenes eBook und Buch - weltweit in allen wichtigen Shops

- Verdienen Sie an jedem Verkauf

Jetzt bei www.GRIN.com hochladen und kostenlos publizieren